AUX OUVRIERS ET AUX PAYSANS

LES VIEILLES LIBERTÉS NATIONALES

PAR

EDMOND DEMOLINS

> Ne craignons point de remettre au jour les vieilles histoires de notre patrie, la liberté n'y est point née d'hier.
>
> (Augustin THIERRY. *Dix ans d'études historiques*).

---

10 centimes l'Exemplaire

8 francs le cent.

MARSEILLE

TYPOGRAPHIE ET LITH. MARIUS OLIVE

RUE SAINTE 39.

1874

Pour paraître prochainement

DU MÊME AUTEUR :

LE MOUVEMENT COMMUNAL
AU MOYEN-AGE

un volume

1re PARTIE : **Les Libertés conquises.**

2me PARTIE : **Les Libertés perdues.**

A Monsieur le Comte de CHAMBORD

MONSEIGNEUR,

Je vous dois l'hommage de ce travail ; il retrace l'antique union de vos pères et des nôtres, les grandes actions qu'ils accomplirent ensemble, mais surtout les magnifiques libertés qui en furent le couronnement.

Je ne vous apprendrai rien, Monseigneur, en vous disant ces choses : elles sont votre patrimoine comme les vieilles franchises de nos pères sont notre patrimoine à nous : vous en êtes lè dépositaire et l'incorruptible gardien......

J'ai retrouvé dans les vieilles annales, où les souvenirs de vos pères se confondent si harmonieusement avec la mémoire des nôtres, j'ai retrouvé ces rapports qui liaient vos ancêtres à ceux dont je descends : « Les communes sans cesse appellent le Roi à leur secours, sans cesse sont prêtes à courir au sien, et à lui fournir des milices et de l'argent ; le Roi le sait bien, les bourgeois sont tous royalistes ; aussi il les aime. Il va dîner, souper chez eux, et signe même sur le registre de la grande confrérie des bourgeois. »

Quoique ces vieux usages soient bien loin de nos mœurs, et n'y puissent plus rentrer, il me plaît cependant d'en retracer le souvenir, et j'ose croire, Monseigneur, qu'ils ne vous seront point indifférents.

Alors, en effet, nous marchions ensemble, et la main royale aimait à presser la main du plébéien. Alors, avec l'aide de nos pères, les rois fondaient le pouvoir royal ; avec l'aide du pouvoir royal, nos pères fondaient les communes, et tous deux scellaient ainsi dans la liberté, une alliance plusieurs fois séculaire. Alors enfin, ils jetaient ensemble les bases de ces grandes institutions, dont, fils ingrats, nous avons dispersé honteusement les restes, après en avoir recueilli les bénéfices.

J'essaie donc de rappeler, au profit du présent, cette vieille union qui fit notre force dans le passé, afin qu'elle prépare notre avenir.

Cet avenir, Monseigneur, la Providence nous le donnera à son heure, puisqu'elle nous a donné un Roi digne du trône ; et c'est avec l'aide de Dieu, par le Roi et pour le peuple que se fera la Restauration monarchique, que s'accomplira la contre-révolution.

Je suis, avec un profond respect, Monseigneur, Votre très-humble et très-obéissant serviteur,

EDMOND DEMOLINS.

Monsieur le Comte de Chambord a fait adresser à l'auteur la réponse suivante :

Frohsdorf, 11 février 1874.

Monsieur,

En adressant l'expression de votre hommage à Monsieur le Comte de Chambord, vous appeliez son attention sur une étude, *A travers le Moyen-Age*, que vous veniez de publier dans la *Gazette du Midi* et que vous désiriez mettre sous ses yeux.

Vos désirs ne pouvaient manquer de recevoir leur accomplissement. Je suis chargé par Monsieur le Comte de Chambord de vous féliciter, de vous encourager dans votre œuvre et de vous engager à poursuivre vos recherches.

C'est ainsi que vous avez trouvé dans le passé le lien qui existait alors entre la nation et son Roi ; union intime où la France jadis a trouvé le secret de sa grandeur et de sa force.

Si la France croyait pouvoir se passer de son Roi ; si elle le repoussait encore, prétendant se gouverner elle-même ou ne voulant du Roi que l'homme couronné, assistant passivement aux destinées du peuple, n'arriverait-elle pas à un degré d'abaissement et d'humiliation sans précédent dans l'histoire ?

Le Roi, exilé de son pays, n'a malheureusement rien pu jusqu'ici pour l'arrêter sur cette pente fatale. Il n'a pu que conserver intact le dépôt de ses traditions, pour les mettre au service de sa patrie, le jour où cet aveuglement funeste cessant, elle l'appellera pour travailler à sa régénération, comme nos pères travaillaient à sa gloire et à son agrandissement, grâce à cet admirable concours dont les âges qui précèdent offraient l'incontestable témoignage.

Recevez, Monsieur, l'assurance de mes sentiments très-distingués.

Comte de SAINTE-SUZANNE.

LES
VIEILLES LIBERTÉS
NATIONALES

> Ne craignons point de remettre au jour les vieilles histoires de notre patrie, la liberté n'y est point née d'hier.
>
> (Augustin THIERRY. *Dix ans d'études historiques*).

I.

Nous sommes au treizième siècle ; pénétrons dans l'antique cité de Soissons, au moment où le Roi Louis IX va y faire son entrée solennelle. Tout se prépare pour le recevoir, et déjà la foule inonde les remparts. Devant la porte, au milieu de la rue, est disposé un échafaud sur lequel est un pupître. L'évêque, les chapelains de la Cathédrale, des clercs, des moines avec les échevins et les notables sont rangés autour : sur le pupître est placé le Saint-Evangile, car le Roi avant de pénétrer dans la ville doit jurer le maintien de la Charte, ainsi le veulent les coutumes.

Bientôt les cloches de la cité sonnent à toute volée, c'est le cortége royal qui approche ; le Roi est en tête. Arrivé sur le seuil de la porte, il descend de cheval, salue l'évêque et les échevins, et, s'avançant vers le pupître, prête serment à haute voix de maintenir à perpétuité, lui et ses successeurs, la charte qui a été octroyée à sa bonne ville de Soissons ; il jure de conserver ses bons et fidèles bourgeois en leurs droits, coutumes et franchises.

La foule répond à ce serment par des cris d'allégresse, et tous se pressent autour du monarque : Vive le bon Roi Louis ! Vive le Père du peuple, telles sont les acclamations qui sortent de toutes les poitrines, et c'est au milieu de cet enthousiasme que le cortège pénétre dans la cité.

Deux hommes cependant restent près de la porte et ne paraissent pas décidés à suivre la foule qui s'éloigne ; l'un porte la robe des moines, c'est un cordélier ; l'autre, dont le costume ne ressemble en rien à celui des bourgeois du pays. paraît être un étranger.

« Pourriez-vous m'expliquer, dit ce dernier, ce que signifie cet appareil, et quelle est la teneur de la Charte dont le Roi vient de jurer le maintien? »

Le moine tira son interlocuteur dans l'angle d'une maison, afin de laisser passer une compagnie de bourgeois qui relevait le guet, et commença ainsi :

« La Charte que vient de confirmer le seigneur roi fut octroyée à notre ville, en 1116, par Louis le Gros, dont Dieu ait l'âme. C'est un frère de notre ordre qui la rédigea, et certes, tous en furent satisfaits ; en effet, nulle part les bourgeois (1) n'ont plus de droits ; ils règlent les tailles, lèvent les impôts, jouissent de la haute, basse et moyenne justice, gardent les clefs de la ville, se forment en compagnies pour la défense de la cité et n'obéissent qu'aux seuls échevins, sauf toutefois les droits de l'évêque et les priviléges des églises.

« Cette Charte est si célèbre, que les habitants de Dijon députèrent vers nous quelques-uns de leurs concitoyens, pour en avoir une copie, et que depuis ils abandonnèrent, pour la prendre, leur ancien régime municipal (2).

« Si cela ne devait pas m'entraîner trop loin, je

____

(1) Au moyen âge le mot bourgeois comprenait tous les habitants des villes en général, jusqu'aux plus basses classes.

(2) A. Thierry. Lettres sur l'histoire de France, Lettre XIV. p 150.

pourrais vous en donner connaissance, car je la connais d'un bout à l'autre ; souvent, en effet, l'on m'appelle dans les rues : « Frère Jehan, que signifie tel passage ? Notre échevin a-t-il le droit de lever la taille avant la Saint-Martin et de demander plus de quatre deniers par termes ? » ou bien encore : « N'est-ce pas que nous pouvons fortifier la grosse tour, sans l'autorisation de personne ? » et cent autres questions qui intéressent nos bourgeois et auxquelles je suis heureux de répondre.

Mais vous préférerez sans doute apprendre de moi des détails sur l'organisation des villes, sur la manière dont se font les élections, et sur les rapports des bourgeois avec le roi et les seigneurs.

Je vous dirai donc que les chartes déterminent avec une grande précision les rapports des habitants entre eux. Les mœurs locales ont fait ces chartes locales, et aujourd'hui les chartes conservent les mœurs. Aussi les bourgeois tiennent-ils autant à la charte de leur ville que les nobles à leurs titres ; ils en sont au moins aussi jaloux.

Comme vous venez de le voir, si le roi, si l'évêque ou le seigneur veut faire son entrée dans les villes, les bourgeois avant d'ouvrir la porte lui font signer la confirmation des priviléges, des immunités et des franchises, enfin la charte (1). Véritablement, elle donne aux habitants des villes une sorte de souveraineté ; c'est la bourgeoisie qui règle la solde, le nombre des troupes, qui nomme les officiers, le commandant ou le connétable, (2) qui fait la guerre, qui fait la paix avec les villes, avec les seigneurs d'alentour (3), et dans les traités vous voyez figurer les noms de simples artisans : Martinus Faber, Joannes Tonsor pannorum (4).

(1) A. Monteil. Hist. des Franc. des divers Etats, t. 1. passim.
(2) Glos. Gangi V. Constabularius castri, cité par Monteil.
(3) Hist. de Cambrai, de Lyon et autres. Ibid.
(4) Mém. sur la const. de Périgueux. Ibid.

Les dispositions d'une ordonnance portent installation d'un mayeur des prud'hommes, que nous appelons en certaines villes échevins, en d'autres consuls (1); élection du mayeur le lendemain de la saint-Simon; obligation du mayeur de rendre compte de sa gestion; permission au seul mayeur d'aller en cour pour les affaires de la ville; défense au mayeur de faire aucun présent au nom de la ville, si ce n'est de quelques pots de vin; autre défense au mayeur de rien prêter sur les deniers de la ville, qui ne doivent être confiés à personne et que l'on doit garder dans la huche commune. Comment un père de famille prudent et économe pourrait-il faire pour mieux régler sa maison?

Consultez les autres ordonnances relatives à la jurisprudence des mayeurs et des officiers municipaux; à la propreté des maisons et des rues, à la répartition et à la levée des impôts, vous les trouverez également sages (2).

Peut-être me demanderez-vous comment se forment les communes; à cela je répondrai d'une façon générale : dans les lieux où les affranchis se trouvent en grand nombre, comme dans les villes, ils s'unissent entre eux pour défendre leur nouvelle liberté; ils s'associent par une charte de commune, garantie par le roi, qui devient leur plus ardent protectenr et dont ils deviennent les plus ardents défenseurs.

La force de ces associations s'accroît encore par un grand nombre d'habitants des campagnes qui, sans quitter leur domicile des champs, peuvent en être membres et en acquittent les charges (3); et, tandis que la municipalité n'est que le gouvernement local d'une ville, la commune est un petit état souverain,

(1) Ordon. des rois de France. Ibid.
(2) Idem. Ibid.
(3) Coutumes de Sens citées par Monteuil, t. II, p. 79.

ayant droit de s'imposer, ayant aussi un pouvoir constitué, une municipalité.

La commune n'est donc pas la municipalité, l'une contient l'autre, mais l'une n'est pas l'autre. Les communes s'unissent souvent entre elles contre les seigneurs, sans cesse appelant le roi à leur secours, sans cesse prêtes à courir au sien et à lui fournir contre eux des milices et de l'argent. Le roi le sait bien ; les bourgeois sont beaucoup plus royalistes que les nobles ; aussi il les aime plus, il va dîner, souper chez eux ; y faire le compère ; enfin, voulant, autant qu'il le peut, être bourgeois, il signe sur le registre de la grande confrérie des bourgeois. (1)

Le frère du roi est épousé par les bourgeois de Rouen qui, suivant l'usage, lui mettent au doigt un anneau en signe d'amour et de perpétuelle alliances et, ce qui est plus significatif, toutes les villes royales font mettre en tête de leurs priviléges, cette clause, à savoir : que, dans aucun cas, elles ne pourront être désunies de la couronne (2).

Nous possédons beaucoup de lettres royales portant cette adresse cachetée : « A nos amés et féaux conseillers et aux bourgeois et habitants de notre bonne ville de Soissons. »

Si maintenant vous voulez connaître les diverses formes des élections municipales, je crois que nous pouvons les réduire aux suivantes : celles de l'élection immediate faite par le peuple, comme à Clermont, à Angers (3); celles de l'élection médiate faite par les électeurs élus par les divers quartiers de la ville comme à Alby (4), ou, par les métiers, comme dans les villes de fabriques ; les uns et les autres ordinairement membres du corps municipal, comme

(1) Chronique de Jean de Troyes et de Monstrelet. Ibid.
(2) A. Monteil, Hist. des Franc. des div. Etats, t. II, p. 85 et passim.
(3) Lettres du Roi, 1430, 1474, Ibid.
(4) Id. déc. 1465, Ibid.

à Bourges et à Troyes (1) ; celles de l'élection faite par les magistrats sortant de charges, comme à Montferrand, à Chalons-sur-Marne (2) ; et, enfin, celles des élections faites par le roi ou quelquefois par le Parlement, comme à Bayonne et à Niort (3).

Dans toutes les villes, quel que soit le mode d'élection. les échevins ou les consuls ont à leur tête un premier echevin, un premier consul, mais plus ordinairement un majeur ou un maire (4). La juridiction de ces officiers municipaux s'étend d'ordinaire sur toute la ville: cependant à Bordeaux, à Toulouse et dans d'autres cités. ils l'exercent plus particulièrement, chacun dans le quartier ou l'arrondissement qui les a élus.

Il est des municipalités où les artisans, les marchands, les gens de loi doivent être représentés dans des proportions déterminées parmi les membres qui les composent. Dans certaines villes, comme au Mans, il ne peut y avoir de gens d'église; dans d'autres, comme à Troyes, il doit nécessairement y en avoir. Les villes où les habitants rassemblés au son de la cloche règlent eux-mêmes les affaires municipales, sont en bien moindre nombre que celles où leur volonté est représentée par les échevins, les consuls, les conseillers, les pairs (5).

Parfois, comme en Provence. où le commun peuple a de grandes franchises, le suffrage du chef de famille est obligatoire, ainsi que son assiduité, s'il est élu. Parfois aussi, les magistrats qui violent les lois ou administrent mal sont responsables dans leur personne et dans leurs biens (6). L'usage d'assembler tout le peuple est très-commun (7), même dans de

(1) Lettre du Roi, 1491, 1471, Ibid.
(2) Mém. Hist. sur la Champagne, par Fauger, t. I, ch. 4.
(3) A. Monteil, Hist. des Franc. des div. Etats, t. II, p. 82.
(4) A. Monteil, t. II, p. 83.
(5) A. Monteil, t. II, p. 83.
(6) De Ribbe. Les familles au moyen-âge, p. 85.
(7) De Tocqueville. L'ancien régime et la Révolution, p. 69.

grandes villes comme Marseille, Nîmes et Tarascon.
En un mot, le droit d'élire les magistrats, celui de
se réunir en assemblée générale, remontent jusqu'aux
Gaulois (1).

Il y a des villes où les bourgeois sont appelés sire,
comme à Narbonne ; il y en a où ils portent l'épée ;
il y en a où ils portent les épérons dorés, comme à
Marseille ; il y en a où ils chassent, même à la bête
rousse ; il y en a où les bourgeois nomment et font
les nobles, et à la Rochelle le roi prête serment à
genoux devant les bourgeois.

Je suis convaincu qu'en France il n'y a pas de
ville qui n'ait des priviléges, et que parmi ces
priviléges il en est toujours quelques-uns qui lui
sont particuliers ; l'on peut dire que ces immunités,
ces priviléges font plus pour une cité, pour son ac-
croissement, pour sa richesse, qu'un grand chemin,
qu'une grande rivière (2) ; c'est ainsi que les municipalités qui ont le privilége de faire pendre un homme se regardent bien au-dessus de celles qui n'ont
que la justice civile, et celles-ci au-dessus de celles
qui n'ont que la justice municipale (3).

Vous pourriez croire tout d'abord que notre système
communal est calqué sur celui du municipal romain ;
rien n'est plus faux ; il y a liaison et révolution à la
fois (4).

Outre la différence d'origine, dans les cités anciennes, les magistratures, les fonctions religieuses
et civiles étaient réunies dans les mêmes mains, la
puissance paternelle était absolue, et enfin l'esclavage
se dressait comme une des bases de la société ; c'est
ainsi qu'Aristote (5), avec toute la philosophie (6), a

(1) Raynouard. Hist. du droit municipal en France. Introd.
(2) A. Monteil. Hist. des Franc. des div. Etats, t. II, p. 87.
(3) Id. p. 84.
(4) Guizot. Civil. en France, 18e lect.
(5) Morale, liv. VII. ch. 8.
(6) Sénèque de la Clémence, liv. I, ch. 24.

pu dire qu'il y avait des hommes qui naissaient esclaves ; c'est ainsi qu'Athènes comptait 40,000 esclaves et n'avait que 20,000 citoyens. Dans nos communes aucune de ces trois circonstances (1).

De plus, les villes anciennes étaient le centre de la population supérieure ; nos villes, au contraire, sont habitées par la population inférieure, tandis que les seigneurs résident dans les campagnes. En un mot, l'esprit aristocratique a dû dominer dans les cités romaines, l'esprit démocratique domine dans les nôtres ; là, en effet, point d'aristocratie héréditaire, toutes les classes un peu aisées, tous les métiers d'une certaine importance sont appelés à partager directement ou indirectement l'exercice du pouvoir municipal (2).

Pénétrez dans une de nos villes, vous vous trouverez le plus souvent au milieu d'une sorte de place forte, défendue par des bourgeois armés ; ces bourgeois se taxent, élisent leurs magistrats, jugent, punissent, s'assemblent pour délibérer sur leurs affaires ; tous viennent à ces assemblées. Ils font la guerre pour leur compte contre les seigneurs, ils ont une milice, en un mot, ils se gouvernent, ils sont souverains (3).

Comment ce régime communal se substitua-t-il au régime romain, c'est ce qu'il serait trop long d'exposer, quoique fort intéressant.

Je me bornerai donc à vous dire que nos pères déployèrent dans la lutte d'intérêts locaux qu'ils eurent à soutenir, un degré d'énergie, de dévouement, de persévérance qui n'a jamais été surpassé. Ils avaient toujours la cotte de maille sur la poitrine, et la pique à la main ; c'est dans ces luttes continuelles qu'ils ont acquis ce mâle caractère, cette énergie

(1) Guizot. Civil. en France, 18ᵉ lect.
(2) Id. Ibid.
(3) Id. Civil. en Europe, 7ᵉ lect.

obstinée qui les distingue encore aujourd'hui (1).

Comme je vous l'ai dit, dans cette lutte, nos pères furent constamment soutenus par la royauté, et nos rois sont encore nos meilleurs défenseurs. C'est vers eux que nous recourons dans nos besoins, et ils savent en retour qu'ils peuvent compter sur leurs bourgeois des bonnes villes.

Le bon roi Louis ne l'ignorait pas lorsqu'il disait à son fils : « Surtout garde les bonnes villes et « les coutumes de ton royaume, dans l'état et la « franchise où tes devanciers les ont gardées, et « s'il y a quelque chose à amender, amende-le et « tiens-les en faveur et amour. » Il lui disait encore : « S'il avient que quelque querelle qui soit mue « entre riche et pauvre vienne devant toi, soutiens « plus le pauvre que le riche; et quant tu enten- « dras la vérité, fais leur droit (2). »

Ecoutez encore ce qu'écrivait le roi Philippe dans la charte de Rheims : « Il est dans la dignité « d'un roi de conserver avec zéle dans leur intégra- « lité et dans leur pureté, les libertés, les droits « et les anciennes coutumes des villes (3). »

Ne vous y trompez pas, nos bourgeois regardent ces paroles comme leur plus solide garantie, et soyez certain que le jour où l'on menacera leurs franchises, ils les abriteront derrière ces déclarations de nos rois.

Allez, en effet, dans les domaines royaux, surtout dans les villes, vous y trouverez des hommes fiers, peut-être même trop fiers, qui, à tous les instants, vous diront : Voilà mes droits; je les soutiendrai, je n'ai pas peur, je suis bourgeois du roi (4). »

(1) Guizot. Civil. en Europe.
(2) Enseignements de saint Louis à son fils.
(3) Charte de Philippe-Auguste en 1182 en faveur de la ville de Rheims.
(4) Monteil, Hist. des Francs des div. Etats, t. I, p. 9. V. ordon. de Philippe le Bel sur les bourgeoisies.

II

Le moine poursuivit : « Si des villes vous passez à la campagne, vous ne rencontrez plus qu'une organisation féodale qui disparaît chaque jour. Après la conquête, les possesseurs de fiefs avaient concédé des terres et des priviléges à tous ceux qui s'établissaient dans les bourgs situés sur leurs domaines, et en revanche les habitants étaient tenus à certains services (1). Ce n'était donc qu'un lien naturel de défense entre les seigneurs et les paysans voisins, lien qui avait pour origine le don et la reconnaissance, le serment et la fidélité (2). Jusqu'au VIII⁰ siècle, les serfs de la glèbe pouvaient être distribués arbitrairement sur le domaine seigneurial ; deux siècles plus tard, ils sont tous casés par famille ; leur cabane et le terrain qui l'avoisine sont pour eux un héritage (3). C'est ainsi que du droit de proprieté, joint à l'esprit d'association, sortirent pour ces petites sociétés naissantes, les premiers éléments de l'existence civile. Il ne restait plus qu'à affranchir la terre, ce fut l'œuvre du XI⁰ siècle (4). Au siècle dernier, au XII⁰, les paysans étaient déjà presque tous des hommes libres ; les hommes de loi considèrent le servage comme une exception devenue très-rare (5). Si vous voulez savoir à qui l'on doit les chartes d'affranchissement des campagnes, apprenez qu'il faut en attribuer le principal mérite à l'Eglise. Ce fut d'abord sur les terres ecclésiastiques que les lois devinrent plus favorables à la liberté. Ce furent les trèves de Dieu qui précédèrent les chartes civiles et qui les prèparèrent. Ce furent deux papes, Adrien IV et Alexandre III, qui donnè-

(1) Guizot. La Civil. en France, 15ᵉ lec.
(2) A. Thierry. Consid. sur l'Hist. de France, p. 140.
(3) Thierry. Tiers-Etat, ch. 1ᵉʳ.
(4) Id., ibid.
(5) Dareste. Hist. de France.

rent à ce grand mouvement d'émancipation l'impulsion la plus vive ; ce fut Rome enfin, qui en suscitant partout l'opinion publique entraîna les gouvernements (1).

D'ailleurs, ne croyez pas à l'oppression des paysans par les seigneurs ; les redevances qui subsistent encore sont attachées à la jouissance de la terre. Dans tous les cas, les obligations, tant réelles que personnelles, sont nettement définies par les chartes et les coutumes ; le paysan les acquitte sans répugnance, il sait qu'elles sont le prix de la terre qui nourrit sa famille, il sait aussi qu'il peut compter sur l'aide et la protection de son seigneur (2). Le villageois, en effet, n'a d'autre souci que de son labourage et ménage champêtre. Il cultive fidèlement sa terre ; aussi lui paie-t-elle et rapporte-t-elle l'usure de sa peine. Son peu de bien lui profite, parce qu'il ne fait de tort à personne et ne reçoit oppression de nulle part. S'il survient quelque dispute de paysans à paysans, ils s'accordent entre voisins, ou le gentilhomme du village, ou quelqu'autre homme de bon sens les apaise pour la plupart. Ainsi, le paysan vit content du sien, payant ses droits et devoirs fort exactement, sans être opprimé de soldats, sergents ou procès, et n'étant jamais distrait de sa charrue pour aller aux plaids (3). De plus, il juge lui-même ses affaires civiles et criminelles, paye de faibles impôts, établit sans contrôle les taxes relatives aux dépenses locales, a enfin, devant son seigneur, des allures indépendantes (4).

Le système de métayage commence, en effet, à devenir le fondement de l'organisation rurale, et ce

(1) Dareste. Hist. de France.
(2) L. Delisle. Cond. de la classe agricole en Normandie au moyen-âge.
(3) Chancelier l'Hospital. De la Réformation de la Justice, t. I, p. 314.
(4) Le Play. Réforme Sociale, t. III, p. 303.

genre de contrat, fondé sur le partage des produits, identifie tellement les deux intérêts, qu'il exclut tout danger d'oppression (1). Si d'ailleurs, vous considérez le mot vassal qui sert à désigner l'homme qui relève d'un fief, celui qui est subordonné féodalement, vous trouverez qu'il veut dire aussi courageux guerrier ; vasselage est constamment usité pour valeur et prouesse, comme vous pouvez le voir dans nos chansons de gestes (2). Cela vous indique que ce mot, loin d'être offensant, a une signification très-honorable, et que le gouvernement féodal n'a rien en soi de plus agressif qu'un autre (3). Mais je dois vous dire qu'il a rendu ce service à l'humanité, de montrer sans cesse aux hommes la volonté individuelle se déployant dans toute son énergie (4).

Comment, d'ailleurs, nos pères auraient-ils pu traverser cette époque si tourmentée qui suivit l'invasion, s'ils n'avaient pas été fortement attachés les uns aux autres pour se protéger mutuellement ? Et quel lien, je vous le demande, était plus favorable que le lien féodal ? Quelle institution eût mieux résolu ce terrible problême de l'esclavage, que l'antiquité entière avait déclaré insoluble ? Entre l'état d'esclave et celui d'homme libre, il fallait une transition, ce fut le rôle de la féodalité.

Comment séparer nos communes des confréries et des corporations, ces institutions se tiennent, elles s'appuient mutuellement, leur origine se confond même souvent. Nous avons des confréries de toutes espèces, des corporations littéraires, marchandes, ouvrières (5).

La fraternité, tel fut le sentiment qui présida à

(1) Le Play. Réforme Sociale, t. I, p. 4.
(2) Littré. Hist. de la langue franç., t. I, p. 56.
(3) Dareste. Hist. de France.
(4) Guizot. Civil. en Europe.
(5) Troplong. Des Sociétés civiles et commerc., t. I, p. 6, 8.

leur formation (1) , ce sentiment éclate partout, la compassion pour le pauvre se fait jour à travers les règlements de la jurande ; c'est ainsi que, d'après les règlements des boulangers, les pains qui sont trop petits doivent être donnés aux pauvres au nom de Dieu (2) ; c'est ainsi qu'il est défendu aux taverniers de jamais hausser le prix du gros vin , commune boisson du menu peuple ; les denrées doivent être bonnes et loyales, et afin que le pauvre puisse avoir sa part au meilleur prix, les marchands n'ont qu'après tous les autres l'autorisation d'acheter des vivres (3). Voilà comment l'Eglise, non contente d'avoir tiré le peuple de l'état d'esclavage, a voulu encore assurer son existence ; et de même que la législation païenne n'avait en vue que les riches, il semble que la nôtre soit faite exprès pour les pauvres tant elle défend leurs intérêts.

Mais pour ce qui est des associations, sachez qu'il y a une différence notable entre la corporation de métier proprement dîte, et la confrérie ouvrière. La confrérie est la forme religieuse de l'association des travailleurs dont la corporation ou jurande est la forme civile. La confrérie a pour but la commune prière et la mutuelle assistance. La corporation, au contraire, règle tout ce qui regarde le travail, le commerce et l'industrie (4).

Et si vous voulez connaître l'esprit de charité qui anime nos confréries, apprenez que la confrérie des orfèvres de Troyes, par exemple, donne chaque année un dîner le jour de Pâques aux pauvres de ladite ville, et à tous les prisonniers, qui pour Dieu le veulent prendre (5). Si un compagnon étranger vient à Bordeaux pour besogner et s'il est dépourvu de

(1) L. Blanc. Révol. franç., t. I, p. 478.
(2) A Id., id.
(3) Delamarre. Traité de la police, t. II, p. 120.
(4) Clair. Conf. aux ouvriers.
(5) Ordonn, des Rois de France

travail, les maîtres de métiers sont tenus de lui bailler à besogner l'espace de huit jours pour le secourir à gagner sa vie (1).

Mais l'ouvrier n'a rien à envier aux nobles, car il a, lui aussi, sa devise et ses armoiries. Demandez aux drapiers s'ils sont fiers de leur bannière d'azur au navire d'argent : aux charpentiers de leur hache et chevrons : aux orfèvres de leur écu de gueule écartelé d'une croix d'or, le tout surmonté d'un chef d'azur semé de fleur de lys sans nombre, avec cette devise : *In sacra inque coronas*, pour l'autel et le trône (2). Certains métiers même sont francs de tout impôt comme les monnayeurs, les verriers, les ouvriers en soie et bien d'autres (3).

Quant aux corporations, qui, comme je vous l'ai dit, sont distinctes des confréries, elles sont le fondement de notre régime manufacturier. Dans chaque métier, elles groupent de petits chefs d'industrie travaillant près du foyer domestique avec le concours de la famille. Elles amortissent la concurrence en limitant le nombre des maîtres et des ouvriers et donnent par conséquent à ceux-ci la sécurité aux dépens de ceux qui achètent (4).

On ne peut nier qu'un tel système assure merveilleusement la stabilité de l'ouvrier et son bien-être (5).

Je ne vous étonnerai pas non plus en rapportant le principe de nos associations communales, de nos corporations et confréries ouvrières à l'institution monastique, aux moines eux-mêmes.

Mais ils ont fait plus ; ils ont été partout les fondateurs et les précurseurs du progrès et du bien-être

(1) Titre général des maîtrises de Bordeaux.
(2) Livre d'or des métiers, par Lacroix. — Levasseur. Hist. des classes ouvrières, t. 1, p. 479.
(3) A. Monteil. Hist. des divers Etats, ch. IX, t. II.
(4) Le Play. Réforme Sociale, t. II, p. 289.
(5) Id., ibid.

des classes agricoles , par la supériorité de leur culture, en même temps que par la facilité des conditions qu'ils offraient aux ouvriers du sol (1).

Dans le Jura, par exemple, vous pourriez voir ce fait surprenant que la population soumise à la main-morte augmente toujours malgré la stérilité du pays, et la faculté garantie à tous d'aller chercher d'autres seigneurs. Ce ne sont, d'ailleurs, que les descendants des anciens colons, vivant sur un fond qui leur a été concédé par les moines, et ils ne sont soumis qu'aux conditions que subissent partout les usufruitiers (2).

L'expérience nous apprend d'ailleurs que dans le Comté de Bourgogne , les paysans des lieux mainmortables sont bien plus commodes que ceux qui habitent la franchise, et que, plus leurs familles sont nombreuses, plus elles s'enrichissent (3).

Enfin, ce sont les moines qui, les premiers, groupèrent les masses barbares et les attachèrent au sol qu'ils avaient défriché ; c'est sous leur dictée que nos pères écrivirent leurs garanties civiles et politiques ; c'est à leur garde qu'ils confièrent ces chartes de libertés où étaient inscrites les conditions de leur obéissance (4) ; en un mot, les moines apprirent aux hommes à être libres, et l'humanité ne saurait trop le reconnaître. »

III.

« Permettez, continua le moine, que je prévienne une question que vous pourriez m'adresser ; je vous ai fait pénétrer dans la vie intime des gens du plat

(1) Id., ibid., p. 212.
(2) E. Clerc. Essai sur l'Hist. de la Franche-Comté, t. I, p. 307.
(3) Dunod. Traité de la main morte, p. 15. — Duvernoy, cité par Charrière. Recherches sur Romainmoutier. p. 295.
(4) Montalembert. Les Moines d'Occid., t. I. Introd., p. 37.

pays, je vous ai conduit dans l'intérieur des bonnes villes, vous montrant partout des hommes libres, administrant eux-mêmes leurs propres affaires, convoquant au son de la cloche l'assemblée des citoyens: mais c'est en vain que vous cherchez cette grande assemblée générale, qui serait comme le rouage central recevant le mouvement de tous ces petits rouages disseminés sur la surface du pays. Je me hâte de le dire, si vous n'avez rien vu de semblable, c'est que rien de semblable n'existe, du moins d'une façon permanente, et même rien de semblable n'est demandé.

Vous comprendrez aisément que possédant toutes leurs franchises, pour ainsi dire, sous la main, nos bourgeois ne soient point empressés de s'en dessaisir, ou de les transporter à distance dans des assemblées essentiellement temporaires.

Chaque ville a ses assemblées et gère elle-même ses affaires, sous la protection du Roi, et soyez bien persuadé, que si l'on convoquait nos bourgeois en assemblée générale, ils n'iraient qu'avec indifférence ou contrainte (1), regarderaient cette sommation comme faite à mauvais dessein, et n'obéiraient que s'ils y étaient semoncés (2).

Je sais que l'on prête à nos Rois le projet de convoquer le bon peuple (3) en assemblées générales, cette idée leur a toujours été chère, mais outre les résistances que je viens de vous signaler, je crains que ce projet n'aboutisse qu'à ravir aux communes leur organisation immémoriable et à les mettre d'avantage sous la main du Roi (4).

Ce n'est pas que je répugne absolument à des assemblées semblables, mais je crois qu'il ne faut rien précipiter, d'autant plus que nos Rois se sont

(1) Bocquand. Correspondant, janvier 1873.
(2) A. Thierry. Lettres sur l'Hist. de France, lett. XXV, p. 761.
(3) V. Thierry. Lettre XXV, p. 203 et passim.
(4) Id., p. 277.

toujours plu, tandis qu'ils tenaient la noblesse en défiance, à consulter les plus notables d'entre les bourgeois (1). et ce sont eux véritablement qui font les lois et règlent la justice.

Mais de même que nous n'avons pas d'assemblées générales régulières, de même aussi, nous n'avons pas de législation générale.

Si, en effet, vous remontez aux origines, vous voyez que les Romains viennent les premiers, qui conquièrent la Gaule du Midi au Nord, et lui donnent des lois ; les Francs viennent ensuite qui conquièrent la Gaule du Nord au Midi et ne lui donnent pas de lois parce qu'ils n'en ont pas. Au Nord, c'est-à-dire près du pays des Francs, la législation romaine meurt ; à sa place naissent de petites législations locales ou coutumes. Au Midi, c'est-à-dire près du pays des Romains, la législation romaine continue à vivre, mais seulement comme coutume, comme législation locale. Brochant sur le tout, comme on dit en terme de blason, les ordonnances royales, dont les plus anciennes sont les capitulaires, deviennent également obligatoires en deçà et en delà de la Loire et le royaume se trouve ainsi régi par trois sortes de législations (2).

Je relèverai ici, comme le résultat d'une politique, plus profonde qu'on ne pense, l'usage de ne pas écrire les lois locales appelées coutumes (3). Le noble et le vilain sont moins dépendants des gens de justice. S'il survient des débats sur la coutume, rien de plus simple que la marche prescrite : on appelle des témoins qui attestent que la coutume est telle ou n'est pas telle (4).

(1) M. Sépet. Union du 8 juillet 1873.
(2) A. Monteil. Hist. des Franç. des div. Etats, t. I, p. 22.
(3) Les Coutumes ne furent généralement écrites que sous Charles VII et ses successeurs.
(4) L'ordonnance de 1667 les a abolies sous le nom d'enquêtes par turbes.

Or, la législation d'un peuple qui existe doit nécessairement être à la longue supérieure à celle d'un peuple qui n'existe plus : c'est ainsi que nous avons pu corriger le droit français, et que nous n'avons guère touché au droit romain (1).

Ce n'est, en effet, qu'au siècle dernier que Pétrus de Valence accommoda le droit romain aux diverses instructions, aux coutumes locales, au droit canon et à l'exercice de la juridiction de cette province (2).

Mais la réforme qui est à faire dans la législation, a déjà été faite dans la procédure. Vous n'ignorez pas que les Francs, à la suite de l'invasion, apportaient avec eux leur procédé barbare ; je veux parler du fer rouge, de l'eau bouillante et des autres espèces de preuves qu'ils employaient en justice. Or, c'est à l'Eglise que revient l'honneur d'avoir aboli ce système, pour lui substituer celui du simple témoignage sous la foi du serment. C'est un progrès incontestable, et aujourd'hui, en France, la procédure d'enquête *(inquisitio)* est seule employée, et je ne crains pas de dire que c'est là une base dont un peuple civilisé ne se départira jamais (3).

Et remarquez avec quel soin, quelle charité, l'Eglise procède, même envers les coupables : « Vous agirez, dit l'acte du Concile, avec une telle réserve et une telle prudence, que, soit en sévissant, soit en pardonnant, vous arriviez à corriger la vie du coupable. » Corriger la vie des coupables, c'est ce qu'aucune législation n'avait osé prescrire.

Ecoutez encore ce décret du concile de Toulouse au sujet des poursuites exercées contre la secte des Albigeois. : « Il est ordonné à la cour de donner « un avocat aux pauvres, auxquels leur pauvreté ne

(1) A. Monteil. Histoire des Francs des divers Etats, t. X, p. 221, 222.

(2) Ortolan. Explc. des instituts, t. I.

(3) M. Pardessus. Mém. sur le Droit coutumier, t. X, p. 666 et suiv. — Guizot. Hist de la civil., 6 lec.

« permet pas d'en avoir. Il ne faut condamner que
« sur l'aveu personnel du coupable, ou sur des
« preuves claires et évidentes, car *il vaut mieux*
« *laisser un crime impuni que de condamner un*
« *innocent.* » Satius est enim facinus impunitum
relinquere, quam innocentem condemnare.

Et quand on songe que c'est la première fois peut-
être qu'une pareille doctrine est proclamée et appli-
quée hautement comme un principe indiscutable ;
quand on songe combien l'Eglise dut briser d'oppo-
sitions et vaincre de haines pour en arriver là ; on
ne peut qu'admirer sa constance et lui présager pour
l'avenir le respect et l'admiration des peuples.

Mais ne croyez pas que l'Eglise ait maintenu da-
vantage la procédure secrète ; elle proclama, au
contraire, le principe de la publicité, et n'admit
d'exception que dans le cas, par exemple, où les
témoins auraient été exposés à quelque danger par
la publication de leurs noms (1).

Quant à la raison qui a fait établir des tribunaux
pour punir les fauteurs d'hérésie, elle est naturelle,
si vous considérez les rapports étroits de l'Eglise et
de l'Etat. L'Empereur Frédéric II lui-même, quoique très-peu religieux, comme vous le savez, n'a
pas reculé devant une semblable mesure. Les hommes de loi, à leur tour, ne craignent pas de s'expri-
mer ainsi : « Les hérétiques doivent être punis plus
« sévèrement que les criminels de lèse-majesté, car
« ils pêchent à la fois, contre Dieu, contre leurs
« semblables et contre eux-mêmes (2). »

Vous voyez que les tribunaux laïques ne sont pas
moins explicites que les tribunaux ecclésiastiques.
Un tel accord ne saurait surprendre à notre époque

(1) La grande Histoire du Droit criminel, par M. du Boys, passim : et surtout T. H., p. 305, 380, 382, 597. 600, 702, etc., et
M. Despinay, p. 127 et suivantes.

(2) Pertz Mon. legum Germ. t. II, par 285, cité p. L'Epinois,
Revue des quest. hist.

où le peuple lui-même est le premier à demander de semblables mesures, le premier à y applaudir.

Les documents ecclésiastiques, d'ailleurs, en relatant d'une manière parfois minutieuse les incidents de la procédure, nous montrent avec quelle lenteur et quelle maturité se comporte la justice inquisitoriale (1) qui préfère toujours la miséricorde au sacrifice (2).

Pour ce qui est de la question, vous n'ignorez pas que ce sont les juges laïques, très-enclins à appliquer le droit romain, qui furent les premiers à l'employer (3), tandis que l'Eglise en repoussa d'abord, puis en limita l'usage, comme précédemment elle avait reponssé, puis limité l'usage des jugements de Dieu au Concile de Latran (4).

Ecoutez les paroles que le Souverains Pontife adresse au roi : « Il ne convient pas que le roi de « France adopte les peines si sévères portées contre « le blasphème par ·les législateurs dans l'Ancien « Testament. » Et le Pape n'a-t-il pas dernièrement nommé deux cardinaux pour examiner les réclamations faites contre les inquisiteurs par des bourgeois de Carcassonne, par les chapitres d'Alby et de Gailhac (5), en leur disant : Il est utile de savoir la « vérité, si les inquisiteurs ont suivi la justice dans « les procès, comme nous le désirons, ou si, ce qu'à « Dieu ne plaise, ils ont prévariqué, et se sont rendus « coupables (6).

Je sais bien que les Albigeois répandent toutes sortes de mensonges sur la procédure suivie à leur

(1) Germain, Inventaire des archives de l'inquisit. à Carcassonne, p. 24; ibid.

(2) Id ; p. 7.

(3) Hélie. Traité de l'instruct. crimin., t. I, p. 544.

(4) L'Epinois, Réfut. de Henri Martin. Revue des quest. histor., liv. 18, p. 416.

(5) Mahul. Cartul de Carcassonne, tome V, page 628, cité par L'Epinois

(6) Id. ibid., p. 656.

égard, et je crains bien qu'un jour la mauvaise foi n'invoque contre la justice de notre époque ces témoignages hostiles. Quoiqu'il en soit, ce serait un étrange spectacle que de voir l'histoire s'autoriser des adversaires de la religion, pour mettre sur son compte des crimes qu'elle a combattus.

Puisque j'en suis à vous parler de notre législation, vous serez peut-être bien aise de connaître notre régime de successions.

Vous savez combien les partages faits d'après les lois romaines sont compliqués ! L'hérédité est divisée en douze onces. L'héritier a tant, s'il a tel nombre de légitimaires, tant s'il a tel autre ; enfin il faut tous les secours de l'arithmétique pour fixer à chacun sa quotité.

Écoutez maintenant les établissements de Saint-Louis, où ce droit romain a sans doute été mis à contribution, mais aussi où il a été perfectionné. Entre hommes nobles, dit le chapitre 8 du premier livre, le partage de la succession est fait de cette manière: les deux tiers à l'aîné, le tiers restant au puiné. Et au chapitre 132 du même livre : entre hommes roturiers, partage égal. Cela est-il clair, net (1) ?

Ne croyez pas pourtant que la loi du partage égal existe pour toute la France ; chaque province a ses coutumes, auxquelles elle est attachée. Et d'ailleurs on lit aussi dans les établissements du roi Louis que « nulle chose n'est à garder comme d'accomplir la « volonté aux morts. »

Dans le Midi, par exemple, où les villes ont une organisation presque républicaine, le droit de transmettre librement son bien est placé au premier rang des libertés dont doivent user les pères de famille (2), et les citoyens gardent avec le plus grand soin cette jalouse liberté de tester (3), c'est au point que si on

(1) A. Monteil. Hist. des franc. des div. Etats, t. I, p. 221.
(2) De Ribbe. Les familles au moyen-âge, p. 500, 503, etc.
(3) Du Vair, président au parlem. de Provence. Arrêts.

voulait leur imposer d'autres lois, ils protesteraient énergiquement, au nom de leurs franchises, jusqu'à ce qu'ils en aient obtenu le retrait (1).

Un fait digne de remarque, c'est que dans le Midi, par exemple, le droit d'aînesse n'existe pas même pour la conservation des fiefs. L'aristocratie foncière n'a pas un régime différent de celui de la bourgeoisie et des paysans. Il résulte de là que la noblesse ayant la charge du service militaire, et dépensant son revenu à la guerre, est près de se ruiner ; tandis que, grâce à la liberté testamentaire, les classes moyennes ne cessent de grandir en aisance et en importance (2), au point de donner aux institutions de la Provence ce caractère éminemment populaire qui s'étend jusqu'aux communes rurales.

Mais le plus important de ces régimes établis pour la conservation des familles, est celui du droit d'aînesse ; à Paris, c'est une institution à peu près exclusivement aristocratique, mais d'ailleurs il est pratiqué par d'innombrables familles de bourgeois et de paysans (3), et je puis dire que ce régime est une des principales sources de force et de prépondérance (4) ; ce sont ces familles établies qui cultivent le mieux les arts usuels et les professions libérales, protègent les masses imprévoyantes et fournissent le personnel nécessaire aux défrichements, à l'armée et aux colonies (5).

Dans l'Ile de France et dans l'Orléanais, le droit d'aînesse est employé uniquement à maintenir les familles nobles, tandis que le partage forcé pèse sur les familles de bourgeois et de paysans.

En Normandie, et dans les provinces de centre, la transmission intégrale aux aînés est l'usage commun

(1) Remontrances du parlement de Provence. au XVIII° siècle.
(2) De Ribbe. Les familles au moyen-âge, p, 500.
(3) Id. p. 493.
(4) Le Play, Réforme sociale, t. I, p. 245, etc.
(5) Id , ibid.

des nobles, des bourgeois et des paysans, et n'implique pour personne l'idée de contrainte, de caste, ou de privilège (1).

Ainsi, vous le voyez, rien de moins fixe que notre législation sur les successions, rien de plus varié.

Et maintenant, si vous me permettez de vous faire connaître mon avis, je vous dirai que je regarde comme préférable le système de la liberté de tester. Je remarque, en effet, que chez les peuples qui font un usage habituel du testament, les chefs de famille ont, pour la plupart, une nombreuse postérité, ils sont voués à un travail lucratif et à des occupations traditionnelles remplies dans l'intérêt de leur famille ou de leurs concitoyens (2). De plus les désirs exprimés par le père parlent plus haut aux enfants recueillis que toutes les lois de l'ordre civil (3).

Il est certain, en effet, que les meilleures constitutions sociales se sont formées sous l'influence de la liberté testamentaire (4), et je ne crains pas d'ajouter qu'un peuple n'est pas libre, s'il n'a pas le droit de tester, et que la liberté du testament est une des plus grandes garanties de sa liberté civile (5).

Quant au partage forcé, il pervertit la jeunesse qui croit que la naissance lui donne le droit de jouir de tous les avantages sociaux, et établit implicitement que le caractère du père offre à la morale publique moins de garantie que celui du fils (6).

D'ailleurs, dans notre système de gouvernement les pouvoirs souverains ne règlent d'ordinaire le mode d'hérédité que pour les biens qui se trouvent liés à l'exercice de l'autorité publique, et le père

(1) Le Play, Réforme sociale, t. I, p. 245, etc.
(2) Id. p. 272.
(3) Troplong, Traité des donations entre vifs. Préf.
(4) Le Play, Réforme sociale, t. I, p. 272, etc
(5) Troplong, Traité des donations. Préf.
(6) Le Play, Réf. sociale, t. I, p. 272, etc.

devenant ainsi le législateur de sa famille, la société se trouve déchargée d'une partie de sa sollicitude (1), cela est de tous points raisonnable, car l'on rencontre plus de fils ingrats que de. pères injustes (2). »

IV

« Voulez-vous maintenant savoir, poursuivit le cordelier, quel est chez nous l'état de l'instruction ; de quelle manière on la distribue, de quels soins elle est l'objet, et combien notre siècle à mérité de la science ?

Vous n'ignorez pas qu'avant la venue de l'Eglise il n'existait pas dans le monde une seule école à l'usage de l'ouvrier (3). Or, au commencement du sixième siècle. le Concile de Vaison constate que depuis longtemps, en Italie, « Les prêtres élevaient chez eux de jeunes lecteurs et les instruisaient comme de bons pères dans la foi et dans les bonnes lettres. » En l'an 700. un Concile de Rouen va plus loin, et *ordonne* à tous les chrétiens d'envoyer leurs enfants à l'école de la cité. Cependant paraît Charlemagne, qui, avec l'énergie que vous savez, veille á ce que les lumières ne s'éteignent pas. En 797, un capitulaire de Théodulfe nous offre ces admirables paroles : « Que les prêtres établissent des écoles dans les villages et dans les bourgs, et qu'ils n'exigent *aucun prix* des enfants en retour de ce service.» Mêmes prescriptions dans les canons du Concile de Rome. en 826, dans le bullaire du Pape saint Léon IV, et dans le capitulaire d'Hérrad, archevêque de Tours en 856. Notez que ces textes

(1) Portalis, Conseil d'état. séance du 30 nivôse an XI.
(2) Id., ibid.
(3) Léon Gauthier. Appel aux ouvriers, Revue du Monde Catholique, nᵉ 86. Je lui emprunte une partie de ces détails.

appartiennent à l'époque la plus ténébreuse de notre histoire, on était alors en pleine féodalité.

Mais si nous arrivons au siècle dernier et à celui-ci, au treizième siècle enfin, tout devient éclatant, et vous voyez des écoles jusque dans les plus petits villages (1).

De pareils faits démontrent que depuis une époque reculée, et comme à l'origine de nos paroisses, le clergé a dispensé l'instruction jusqu'aux classes agricoles (2).

Si vous étudiez les institutions du Nord, vous verrez que l'Eglise, en Germanie, a créé l'ècole, qu'il en est de même dans l'Autriche et dans le Salzbourg, où la fréquentation scolaire ne le cède en régularité à nulle autre. Au siècle dernier, le *devoir moral* de cette fréquentation est prescrit dans les diocèses du Nord, où les monastères fondés par les missionnaires saxons avaient institué, à côté de l'école des clercs, une schola extérior pour les enfants de la paroisses (3). L'on retrouve la même obligation prêchée par les évêques et les prêtres des paroisses invités à admonester les parents à l'effet que ceux-ci fassent instruire leurs enfants (4). A tel point, que l'on pourrait presque dire, qu'il n'est personne, si pauvre qu'il soit, qui n'apprenne à lire et à écrire (5), car l'on trouverait difficilement une paroisse un peu populeuse qui n'ait pas sa maison ou sa fondation pour les écoles (6).

L'on rencontre très-souvent dans les statuts de nos communes, parmi les causes d'exclusion des ma-

(1) Id., ibid.
(2) Ch. de Beaurepaire, De l'École des Chartes. Hist. de l'instruct. publique en Normandie, t. I.
(3) Léon Gauthier, ibid.
(4) Léopold Delisle, Classe agricole en Normandie, Ch. de Beaurepaire, Etabliss. d'inst. dans le diocèse de Rouen.
(5) Relat. des ambassad. Vénitiens. t: I, p: 45.
(6) Bessin. Concil. Rutom. provinciæ pars I, p. 395, 396.

gistratures, le seul fait d'être illettré (1), et cependant l'Etat n'intervient que très-indirectement dans le gouvernement des écoles, qui sont confiées à la garde des pères de familles, sous les auspices de la religion. Cela n'empêche pas les écoles gratuites de se multiplier au point de soulever parfois, dans les grandes villes, les plaintes des écoles payantes auxquelles elles font une redoutable concurrence (2).

La religion est d'ailleurs, comme il convient, le fondement de l'éducation : « Les enfants apprendront à craindre et à louer Dieu ; ils seront instruits dans la lecture, l'écriture, le calcul et principalement dans les bonnes mœurs. » Telles sont les formules, à peu près invariables, qui se reproduisent partout

Pour ce qui est de l'autorité qu'ont les pères de famille sur l'école, sachez que c'est là une de nos plus grandes garanties. C'est ce respect de la famille qui a aussi inspiré le réglement de nos grandes universités. Aucun élève n'y prend ses repas et n'y couche, et tout, dans cette organisation, rappelle notre régime communal et corporatif. Les assemblées générales des universités ressemblent, trait pour trait, à celles de nos communautés d'habitants, et l'on est étonné de voir à quel degré le système électif exprime l'harmonie existant entre les éléments les plus divers.

Concevez-vous des bacheliers, de simples élèves, siégeant, argumentant aux examens, nommant les administrateurs du corps, émettant leurs votes dans les assemblées mensuelles où sont lus les statuts, les comptes des recettes et les dépenses ? Obligation est faite à tous d'assister à ces réunions, sous peine de s'exposer au châtiment dû au parjure ; car il faut que vous sachiez, que tous ont prêté serment de

(1) De Ribbe, Les Familles au moyen-âge, p. 280.
(2) Invent. des archives communales de Toulon, t. II, p, 456, etc. cité par de Ribbe.

remplir avec fidélité et exactitude les devoirs qui les lient au corps et qui les unissent entre eux (1).

Les étudiants ont un procureur chargé de veiller à l'observation des statuts et au maintien de la paix et de la concorde ; cela ne vous étonnera pas dans des Facultés aussi nombreuses que celle de Montpellier par exemple (2), ou que celle de Paris, qui ne compte pas moins de vingt mille étudiants, c'est-à-dire autant que toutes les universités d'Italie prises ensemble (3).

Telle est notre organisation scholaire, et vous comprendrez combien un pareil régime est propre à former des hommes libres, ayant sans cesse à prendre part aux élections, parfois à exercer eux-mêmes, les fonctions publiques, auxquelles peut les appeler le suffrage de leurs concitoyens.

Je ne vous dirai qu'un mot de la philosophie que l'on enseigne dans les écoles. Vous n'ignorez pas en quel honneur est Aristote parmi nous, il est le grand maître presque universellement reconnu, et sa métaphysique fournit à ses disciples un élément inépuisable de dispute (4). Les nominaux et les réaux sont aux prises : parfois les premiers triomphent, les réaux faiblissent ; et les bannières d'Aristote, portées par une milice inexpérimentée, reculent.

S'il est vrai que la philosophie d'Aristote nous a fait de grands biens, elle nous a causé de grands maux. N'oubliez pas, que, suivant un Père de l'Eglise, les erreurs des hérétiques ont toujours eu leur repaire dans les broussailles de sa métaphysique (5).

Cependant, la scholastique donne tout au moins de la sagacité aux esprits, de la précision aux idées, de la concision aux langues modernes, et surtout à la nôtre (1); en un mot, il y a de l'or caché dans les disputes de l'école (2).

Il vous sera sans doute agréable de connaître le rôle de la philosophie en face des franchises de nos villes ; et ce n'est pas sans étonnement que vous apprendrez que le mouvement philosophique et le mouvement communal sont non-seulement étrangers, mais incompatibles et ennemis. Dites à ces bourgeois qui ont conquis avec passion leurs libertés, qu'il y a des hommes qui réclament les droits de la raison humaine, le droit d'examen, des hommes que l'Eglise traite d'hérétiques, ils les lapideront et les brûleront à l'instant. Plus d'une fois Abelard et ses amis coururent ce péril. D'un autre côté, ces mêmes écrivains qui réclament les droits de la raison humaine parlent des efforts d'affranchissement des communes comme d'un désordre abominable, du renversement de la société. Entre le mouvement philosophique et le mouvement communal, la guerre semble declarée (3).

Je crois que ce serait un travail très-instructif que de rechercher le rôle qu'ont joué dans l'affranchissement et le développement des peuples, ces hommes qui, discourant sans cesse sur les droits de leur propre raison et sur la liberté humaine, n'ont jamais su que précipiter les nations dans l'anarchie et le despotisme.

Voilà pourquoi je me défie d'une science qui prétend ne s'appuyer que sur la raison pure, et qui, s'éloignant sans cesse des vérités révélées, creuse tous les systèmes, pour ne s'arrêter finalement qu'au Pyrrhonisme, terme fatal de ses travaux.

Et maintenant que nous avons parcouru les diverses institutions de la France, terminons, si vous le

(1) De Bonald, Recherches philosophiques.
(2) Leibnitz.
(3) Guizot, Civil. en Europe.

voulez, par un coup-d'œil d'ensemble sur la société où nous vivons ; voyons les rapports généraux qui unissent ces trois grands corps, la royauté, l'église et le peuple, afin que vous appreniez quelle force peut donner l'union étroite des diverses fractions qui composent un Etat.

Si donc vous parcourez notre société, vous vous convaincrez que, tout en accordant des priviléges à quelques familles, notre constitution tend surtout à assurer l'égalité aux masses (1). Les classes inférieures, en effet, sont protégées par la triple influence de l'autorité seigneuriale et royale, de la famille patriarcale et de la communauté des biens dans le mariage (2), sans parler des corporations ouvrières et des associations de toutes sortes qui protégent tous les citoyens. Cette union se maintient encore entre les diverses nations, par les croyances chrétiennes et par un esprit commun de résistance à l'Islamisme ; par une véritable communauté d'enseignement, par l'unité du langage scientifique et littéraire, par une organisation identique de l'Etat, de la province, de la commune rurale ou urbaine, de la famille, du travail, de l'armée, de la magistrature, du clergé et des autres éléments de la hiérarchie sociale (3).

On ne saurait le nier, notre société est hérissée de liberté (4), l'esprit de résistance, le sentiment du droit individuel la pénètrent tout entière, et c'est là ce qui constitue l'essence de la liberté. Ces libertés ont établi un système de contre-poids et de frein qui rend absolument impossible tout despotisme prolongé, et qui a surtout pour garantie deux principes que j'ai déjà nommés, l'hérédité et l'association (5).

(1) Le Play, Réforme sociale. t. II, p. 391.
(2) Id., t. III, p. 10.
(3) Id., ibid.
(4) Montalembert, Les Moines d'Occid. introd. p. XLIV.
(5) Id., ibid.

C'est au-dessus de cet ensemble. qu'apparaît la royauté comme une protection pour tous et une garantie pour chacun. Le caractère propre du pouvoir royal a été de tout temps de servir d'arbitre nécessaire entre les prétentions contradictoires des classes qui composent la société française, et d'être ainsi comme le grand mainteneur de la paix publique (1). L'on peut affirmer que dans ce rôle, il a toujours penché du côté des faibles : c'est ainsi que sa constante préoccupation, sa politique traditionnelle a été de tirer peu à peu de l'ombre où elles étaient reléguées les classes inférieures, de les appeler à la lumière, de les introduire dans ses conseils, de leur donner, en premier lieu, place au soleil, et ensuite au pouvoir politique.

Ne vous y trompez pas, toutes les revendications de la royauté sur l'aristocratie sont faites au profit du peuple, et celui-ci, en récompense, met sa gloire et son bonheur dans le roi (2) ; il sait bien que sans lui. il n'aurait pu écrire ses coutumes, jamais régler ses droits (3).

Habitués depuis longtemps à vivre en monarchie, nous ne désirons pas d'autre gouvernement. De là vient la familiarité que vous pouvez voir régner entre le roi et ses sujets, qu'il traite tous en compagnons. Personne n'est exclu de sa présence, les valets et les gens de la plus basse condition osent pénétrer dans le cabinet secret du roi. Cette qualité peut rendre les sujets insolents, mais aussi fidèles que dévoués (4).

C'est à tel point que pendant le dîner du roi, presque tout le monde peut s'approcher de lui et lui parler comme à un simple particulier (5).

(1) A. Thierry.
(2) Th. Lavallée, Histoire de France, t. I; p. 396.
(3) Guizot.
(4) Michel Surriano, Ambassadeur Vénitien.
(5) Documents sur l'Histoire de France, t, I, p. 509.

Mais cette liberté que la royauté protége, l'église nous la garantit; voici ce qu'écrivait Guillaume de Joinville, archevêque de Rheims dans la charte qu'il donna à cette ville au siècle dernier : « Si les prin- « ces de la terre, dit-il, violent et changent les cou- « tumes acquises depuis longtemps, ils s'exposent « à encourir l'indignation du Très-Haut, à perdre « la faveur du peuple et à charger leurs âmes d'un « fardeau éternel. » Ainsi parle l'Eglise.

Au milieu des conflits de juridictions territoriales, les papes se montrent toujours les défenseurs du peuple et les pacificateurs des feudataires (1); leurs mains paternelles ont élevé la hiérarchie et à côté de la hiérarchie ont fondé la liberté des Etats (2).

Un des pontifes qui, de notre temps, a le plus mérité du genre humain, est le pape Alexandre III. C'est lui qui, dans un concile, au siècle dernier, abolit, autant qu'il le put, la servitude, ressuscita les droits des peuples, et réprima les crimes dans les grands. Si les hommes sont rentrés dans leurs droits, c'est principalement à lui qu'ils en sont redevables (3); ils apprirent de la papauté qu'ils avaient des droits et osèrent les proclamer (4).

Voilà ce qu'a fait l'Eglise, le peuple le sait; aussi il l'aime, et s'en fait gloire.

Si vous voulez savoir quelle est, au milieu de tout cela, l'attitude des nobles; apprenez qu'ils ont toujours demandé ou, du moins, désiré une indépendance presque républicaine, mais une république aristocratique; les communes, au contraire, ont ordinairement voté pour la royauté, pour le maintien de l'autorité royale, pour son extension (5) et par-

(1) Sismondi, Hist. protestant.
(2) Jean de Muller, protestant.
(3) Voltaire.
(4) Th. Lavallée, Histoire de France, t. I, p. 249.
(5) Recherches sur les Etats-Généraux dans les Ordonn. du Louvre, citées par Monteil.

fois peut-être, pour sa trop grande extension. Les gens d'église, c'est-à-dire les sages, les savants, les philosophes tiennent entre eux la balance. En face des nobles, qui sont les forts, les riches, les puissants, les seigneurs, le roi n'est que le roi de Pologne ; en face des communes il est vraiment le roi de France (1). »

Ici le moine fit une pause ; puis reprenant avec orgueil : « Et moi aussi, messire, j'appartiens à ces fortes classes populaires qui firent les communes, et affermirent le pouvoir royal. Si l'histoire est juste, elle s'inclinera devant ces hommes du Tiers-Etat qui, après avoir conquis leurs franchises, surent si fièrement marcher de pair avec la noblesse et la main dans la main avec la royauté. »

Ainsi parla le bon Cordelier.

Je n'affaiblirai point ces grands enseignements de l'histoire par de longs commentaires ; ils n'apprendraient rien à ceux qui savent comprendre, et pour les autres ils seraient sans profit. Qu'il reste seulement démontré, que, selon l'expression de Mme de Staël « c'est la liberté qui est ancienne et le despotisme nouveau ; » que, si nous sommes des fils de bourgeois, nos pères, du moins, ne furent point sans gloire ; et qu'enfin, c'est par notre faute qu'a été dissipé l'héritage d'honneur et de liberté qu'ils nous avaient péniblement acquis, que c'est par notre faute, que nous ne sommes plus, selon un mot récent, que de petits bourgeois, pour avoir renié nos pères, les grands bourgeois du moyen-âge.

(1) Monteil, Hist. des Franç. des divers Etats, t. I, p. 345.